ations de l'ARMÉE TERRITORIALE

GUIDE PRATIQUE

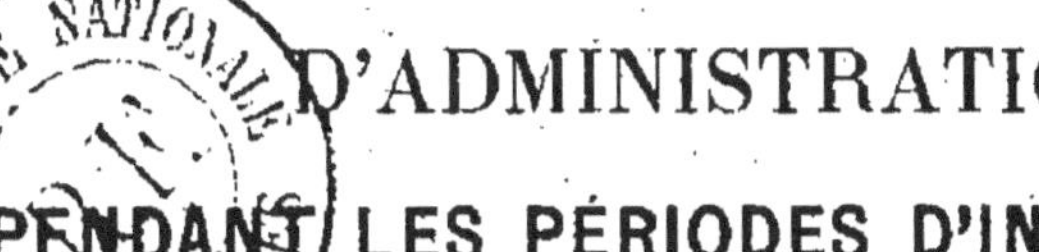

D'ADMINISTRATION

PENDANT LES PÉRIODES D'INSTRUCTION

A L'USAGE

DES OFFICIERS DE RÉSERVE ET DE L'ARMÉE TERRITORIALE

PAR

L. SOMMER O. A. Q

Capitaine de réserve au 19e régiment d'infanterie
Secrétaire général et Professeur
de la Société Polytechnique militaire
(Ecole annexe d'instruction)

EN VENTE

Aux Bureaux de l'ARMÉE TERRITORIALE

12, rue de la Grange-Batelière

PARIS

—

1896

Publications de l'ARMÉE TERRITORIALE

GUIDE PRATIQUE

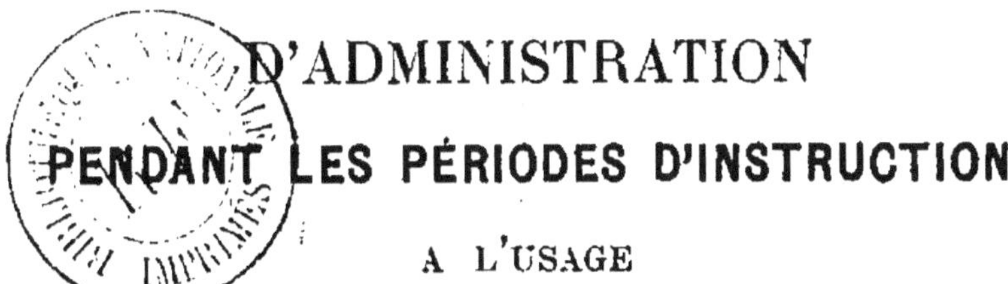

D'ADMINISTRATION
PENDANT LES PÉRIODES D'INSTRUCTION

A L'USAGE

DES OFFICIERS DE RÉSERVE ET DE L'ARMÉE TERRITORIALE

PAR

L. SOMMER O. A.

Capitaine de réserve au 19e régiment d'infanterie
Secrétaire général et Professeur
de la Société Polytechnique militaire
(Ecole annexe d'instruction)

EN VENTE
Aux Bureaux de l'ARMÉE TERRITORIALE
12, rue de la Grange-Batelière
PARIS

1896

TABLE DES MATIÈRES

AVANT-PROPOS

En publiant ce guide, nous nous adressons surtout aux commandants de compagnie. Nous avons pensé être utile à nos camarades en leur indiquant jour par jour ce qu'ils auraient à faire pendant une convocation, et ceci en peu de mots ; les nombreuses périodes que nous avons faites nous ont permis de voir par la pratique ce que nous avions appris dans les différents manuels.

A chaque période, nous avons fait un petit guide dans le genre de celui-ci, et il nous a été extrêmement utile. C'est pourquoi nous avons pensé à en faire la publication.

Ce guide peut également servir aux officiers des régiments de réserve, dont la comptabilité est la même que celle de l'armée territoriale.

Nous avons divisé ce guide en trois parties :

1° *Administration ;*

2° *Comptabilité ;*

3° *Indication des pièces à fournir périodiquement.*

Nos camarades qui désireraient des renseignements plus complets n'auront qu'à se reporter aux documents suivants :

1° *Décret du 14 janvier 1889, sur l'administration et la comptabilité des corps de troupe;*

2° *Règlement du 23 octobre 1887, sur la gestion des ordinaires;*

3° *Décret du 20 octobre 1892, sur le service intérieur des corps de troupe;*

4° *Instruction ministérielle du 18 mars 1896 concernant certaines dispositions spéciales aux militaires de la réserve et de l'armée territoriale.*

PREMIÈRE PARTIE

Administration

Solde.

Les *hommes* ont droit à la solde à partir du lendemain de leur arrivée au corps; la solde est due pour le jour du départ, si ce départ a lieu après le repas du matin.

Les *tambours*, *clairons et musiciens* ne reçoivent que la solde de soldat de 2e classe.

Les *officiers* ont droit à la solde de présence le jour de leur arrivée et le jour de leur départ; pour cela, ils sont portés comme arrivant la veille du premier jour et comme partant le lendemain du dernier jour.

La solde journalière est la suivante :

Colonel	22 60
Lieutenant-colonel	18 30
Chef de bataillon	15 30
Capitaine	8 50
Lieutenant	7 »
Sous-lieutenant	6 50
Adjudant	2 65
Sergent-major	1 25
Sergent	0 95
Caporal-fourrier	0 75
Caporal	0 45
Soldat	0 28

Les officiers de tous grades, montés, reçoivent l'*indemnité de monture* déterminée par le tarif ci-dessous, pour toutes les journées leur donnant droit à la solde de présence. (Décret du 29 mai 1890 et décret du 27 décembre 1890).

Indemnité n° 1. — *Officiers supérieurs recevant une monture de l'État; officiers inférieurs remontés de la même manière ou pourvus d'une monture leur appartenant en propre, 0 fr. 50.*

Indemnité n° 2. — *Officiers supérieurs ayant emmené une monture leur appartenant en propre, 1 franc.*

L'indemnité journalière n° 1 est due aux officiers dont l'emploi comporte normalement une monture à la mobilisation, lors même que, pendant la période d'instruction, les intéressés ne seraient réellement pas pourvus d'un cheval. (Circulaire ministérielle manuscrite du 21 janvier 1891.)

Indemnité de route.

L'indemnité de route comprend l'indemnité journalière et l'indemnité kilométrique.

Il n'est alloué ni indemnité journalière ni indemnité kilométrique pour toute distance inférieure à 25 kilomètres.

L'*indemnité journalière* est due pour les voyages à pied égaux ou supérieurs à 25 kilomètres; les fins de parcours supérieurs à 12 kilomètres donnent droit à une journée supplémentaire.

L'*indemnité kilométrique* est due pour toute distance supérieure à 36 kilomètres. Les parcours sur chemins de fer de 37 kilomètres à 360 kilomètres donnent droit à l'indemnité kilométrique et à l'indemnité journalière. Les fins de parcours supérieurs à 40 kilomètres donnent droit à une journée.

Les parcours supérieurs à 360 kilomètres donnent droit à deux journées d'indemnité journalière.

Pour la *troupe*, le taux de l'*indemnité kilométrique*

est uniformément fixé à 0 fr. 016, et celui de l'*indemnité journalière* à 1 fr. 25, quel que soit le grade.

Pour les *officiers*, l'*indemnité kilométrique* est de 0 fr. 03 (somme suffisante pour voyager en 1re classe), et l'*indemnité journalière* est de :

6 fr. pour les lieutenants et sous-lieutenants ;
8 fr. pour les capitaines ;
10 fr. pour les officiers supérieurs.

Les officiers ont, en outre, droit à une *indemnité fixe* de 5 francs.

Chaque commandant d'unité reçoit, du trésorier du corps actif, un état nominatif des hommes de son unité et les fonds nécessaires pour le paiement des indemnités de route. Au fur et à mesure du paiement aux hommes, le mot *payé* est inscrit en regard du nom de chaque intéressé. (Instruction du 18 mars 1896, art. 34.)

Indemnité aux troupes en marche.

L'indemnité n'est acquise que pour une absence de la garnison d'au moins vingt-quatre heures et si la troupe a franchi une étape ou une distance d'au moins 24 kilomètres.

L'indemnité est la suivante :

Officier supérieur.................Fr.	5.00
Officier subalterne......................	3.00
Adjudant............................	0.85
Sous-officier...........................	0.25
Caporal et soldat......................	0.10

Avant le départ, il faut fournir un état nominatif pour les officiers et un état numérique pour la troupe.

Prestations en nature.

Une ration de *pain* est due chaque jour aux hommes présents, tant en station qu'en route.

Un quart de ration de *sucre et café* est alloué, à

titre gratuit, à tous les hommes de troupe pour chaque journée de présence. En outre, les corps doivent percevoir obligatoirement un quart de ration et, à titre facultatif, les deux autres quarts (le tout à titre remboursable.)

Les quantités à porter sur les bons à titre remboursable ne doivent pas être inférieures au décagramme pour le sel, le sucre et le café, et au kilogramme pour les autres denrées.

Les bons de sucre et café à titre remboursable sont remis au trésorier le jour de l'arrivée des hommes pour la période du prêt et ensuite la veille du prêt. Le trésorier établit un seul bon pour tout le corps et retient à chaque compagnie, le jour de l'arrivée des hommes pour le premier prêt, et le jour du prêt pour les autres distributions, la somme représentant la quote-part dans la valeur des denrées remboursables. Le montant est remis séance tenante au distributeur, lequel, en échange de l'argent qu'il reçoit, donne un reçu extrait d'un livre à souche. Ce reçu est remis le jour du prêt et pour la première fois le jour de l'arrivée des hommes, au président de la commission des ordinaires en même temps que le bordereau des sommes dues aux fournisseurs de la commission des ordinaires ; ce mode de procéder permet de supprimer les écritures tenues par le trésorier pour les vivres remboursables.

Le droit aux rations de *fourrages* pour les chevaux emmenés par les officiers commence et cesse en même temps que la solde de ces officiers. Les chevaux prêtés par les corps de l'armée active continuent à être nourris par les soins de ces corps.

Les hommes de troupe, reconnus fumeurs, convoqués pour deux semaines, ont droit à deux *bons de tabac*. La perception est faite pour dix jours à l'avance sur un état d'effectif présentant le nombre des fumeurs et de ceux qui ne fument pas. Le premier état est remis le jour de l'arrivée et le deuxième cinq jours après l'arrivée.

Le *tarif des rations* est le suivant :

Pain, 750 grammes ou bien :
Pain, 620 grammes et biscuit 100 grammes.

Sucre..	sans percolateur	21 grammes.
Café...		16 grammes.
Sucre..	avec percolateur	10 grammes.
Café...		10 grammes.

Tabac, 100 grammes, par bon.

Habillement. — Equipement.

Les commandants de compagnie reçoivent de l'armée active les effets nécessaires pour habiller les hommes. Ces effets sont prélevés sur la collection d'instruction et doivent être convenables et en bon état.

Les hommes qui ont été renvoyés dans leurs foyers avec des effets militaires sont tenus de les rapporter en bon état au moment des périodes d'instruction ; les effets sont inscrits sur les livrets matricules des hommes.

Les effets destinés aux *sous-officiers* doivent être choisis parmi les meilleurs, et au besoin parmi ceux de la collection d'extérieur.

Il est remis un nombre d'effets supérieur d'un dixième à l'effectif à pourvoir.

Les écussons au numéro du corps actif qui sont cousus sur les effets ne sont pas changés.

Les galons et autres insignes distinctifs sont cousus par les soins des unités actives qui les fournissent.

Des effets d'habillement neufs peuvent être remis aux hommes qui consentent à en payer la valeur.

Les *adjudants* reçoivent des effets de drap neufs ou très bons.

Tous les hommes doivent être munis d'une capote, d'une veste, d'un pantalon et d'un képi.

Les effets de *grand équipement* comprennent : bretelle de fusil, havre-sac, ceinturon, porte-fourreau et trois cartouchières avec bretelle de suspension. (Instruction du 18 mars 1896, art. 64.)

Les effets de *petit équipement* à distribuer sont les suivants : chaussures, bretelles, chemise, caleçon, cravate, gamelle, fourchette, cuiller, quart, petit bidon avec courroie, par homme, et jeu de brosses par quatre ou cinq hommes. Les *effets de cuisine* prêtés par les unités actives sont les suivants : scies, haches, bourgerons et pantalons de toile, sacs à distributions, ustensiles de cuisine, cruches et gamelles pour les soins de propreté et le transport du café.

Les hommes sont libres de faire usage de leurs effets de linge et chaussures, mais ils n'ont droit de ce chef à aucune indemnité.

Les *effets civils* (à l'exclusion de la coiffure) apportés par les hommes non gradés leur sont laissés. Ces militaires peuvent, en cas de nécessité, être autorisés à les porter, mais seulement à l'intérieur des casernes et comme vêtements de rechange. Cette tolérance ne doit, dans aucune circonstance, être accordée aux gradés.

Les corps territoriaux ne tiennent pas de *comptabilité* pour l'habillement; les commandants de compagnie se bornent à signer des bons numériques.

Les commandants de compagnie doivent faire eux-mêmes la remise des effets qui leur ont été délivrés.

Les commandants de compagnie sont responsables des *pertes ou dégradations* imputables à un manque de surveillance de leur part. Lorsque la perte d'un effet provient du fait du détenteur, celui-ci peut être l'objet d'une peine disciplinaire ou traduit devant un conseil de guerre. Les imputations pour pertes ou dégradations provenant de la négligence des hommes pourront, après avis du conseil d'administration, être prélevées sur le boni de l'ordinaire.

Habillement des officiers.

Les officiers qui n'ont pas touché de première mise ont le droit de se faire délivrer gratuitement des effets en drap de sous-officier, un ceinturon, une dragonne et un sabre d'adjudant.

Ils peuvent recevoir des effets confectionnés sur mesure en drap de tenue de ville de sous-officier rengagé ; mais ils paient la différence entre le prix de la tenue en drap de sous-officier rengagé et le prix de celle en drap de sous-officier. Ils paient également les galons de grade, brides d'épaulettes, numéros brodés et boutons dorés.

Les officiers convoqués qui ont droit à la délivrance d'effets doivent les demander aux corps actifs, autant que possible un mois à l'avance, en leur envoyant leurs mesures.

Chauffage et éclairage.

Le combustible auquel ont droit les unités de l'armée territoriale leur est fourni par le corps actif. La ration de chauffage est allouée en raison du nombre et de la capacité des marmites.

L'éclairage des escaliers et corridors des casernes dans lesquelles sont logées les troupes de l'armée territoriale est assuré par les soins et aux frais de l'armée active.

Couchage.

Les territoriaux recevront toujours pour leur couchage les fournitures de soldat du service des lits militaires qui resteront disponibles après que tous les hommes de l'armée active en auront été pourvus.

En cas d'insuffisance de couchettes et de châlits,

les paillasses sont placées directement sur le plancher.

A défaut de fourniture des lits militaires, le couchage des territoriaux est assuré au moyen de fournitures auxiliaires de campement composées chacune d'une enveloppe de paillasse, d'une enveloppe de traversin, d'un sac de couchage et d'une grande et d'une petite couverture (ou trois petites).

La paille de couchage est délivrée à raison de 10 kilog. par paillasse et 2 kilog. par traversin.

Si les châlits font défaut, et que l'état de la température l'exige, ces fournitures sont isolées, soit au moyen de paillassons, soit au moyen de 2 k. 500 de paille.

Ordinaire.

Il est tenu dans chaque unité un ordinaire qui est géré par le capitaine et surveillé par le lieutenant.

Les effets de cuisine, les ustensiles de cuisine et ceux nécessaires pour les chambrées (une cruche en grès et une gamelle en terre pour douze hommes) sont prêtés par les unités actives.

Les unités territoriales n'ont donc à faire d'autres achats que ceux concernant les denrées de diverses natures, et les dépenses pour ingrédients de propreté, pour l'éclairage et le blanchissage, le chauffage leur étant fourni par les corps actifs.

Le menu des repas ayant été approuvé par le chef de corps, le *capitaine* prend les mesures nécessaires pour l'achat des denrées ; il peut passer des marchés avec les fournisseurs ou faire opérer de gré à gré par le caporal d'ordinaire. Lorsque, dans le corps actif, les denrées sont fournies par une commission d'ordinaire, le corps territorial peut en profiter ; le capitaine fixe chaque jour la quantité des denrées à prendre pour le lendemain et en signe la note indicative. La veille du jour du prêt, il fait établir et signe la note des dépenses, et charge le sergent-major de la remettre au secrétaire de la commission.

Lorsque les achats sont faits par le caporal d'ordinaire ou lorsque le capitaine a passé marché pour la fourniture de la viande ou d'autres denrées, si le chef de corps a prescrit de procéder au payement suivant le mode indiqué pour la commission des ordinaires, le capitaine fait parvenir directement au trésorier la note indicative des sommes à payer.

Le trésorier, alors, signe le livret d'ordinaire pour constater l'exactitude des dépenses faites en dehors de la commission des ordinaires.

Le capitaine s'assure fréquemment de la bonne qualité des aliments, de leur préparation et de leur quantité, de l'entretien et de la propreté du matériel.

Le *lieutenant*, chargé des ordinaires, vérifie et arrête le livret d'ordinaire le premier jour de chaque prêt, passe tous les jours dans les cuisines pour se rendre compte de la préparation des aliments ; il doit également porter son attention sur la propreté des ustensiles, la tenue des cuisiniers, l'égale répartition des aliments dans les gamelles.

Le *sergent-major* tient le livret d'ordinaire sur lequel les inscriptions sont faites journellement.

Le *caporal d'ordinaire* est chargé de tous les détails du service d'ordinaire ; il conduit les hommes de corvée aux distributions, surveille les cuisines et est responsable de tout ce qui s'y passe.

Les *recettes* de l'ordinaire sont :

Recettes ordinaires.

1° Le prélèvement sur la solde (0 fr. 23);

2° L'indemnité représentative de viande ;

3° Le versement journalier de 0 fr. 01 à faire par les sous-officiers pour part contributive aux dépenses étrangères à l'alimentation (cirage, éclairage, etc...) ;

4° Le versement fait par les sous-officiers pour le sucre et le café perçus à titre remboursable.

Recettes additionnelles.

1° Les centimes de poche des caporaux et des hommes punis de prison et de ceux irrégulièrement absents le dernier jour ou au moment du paiement du prêt;

2° Le produit de la vente des issues diverses;

3° La moitié de la valeur des moins-perçus en pain après balance avec les trop-perçus.

Lorsque plusieurs compagnies sont réunies pour faire ordinaire ensemble, la compagnie qui gère l'ordinaire ajoute à ses recettes additionnelles les versements qui lui sont faits par les autres compagnies pour quote-part dans les dépenses relatives à l'*alimentation* seulement.

La compagnie qui ne gère pas fait connaître par une note le nombre d'hommes devant manger à la compagnie qui gère; cette note, après avoir été émargée, est renvoyée avec la mention de la quote-part par homme.

La compagnie qui gère, pour obtenir la quote-part par homme, défalque de la journée des recettes ordinaires le nombre d'hommes qui, comptant à l'ordinaire, n'y ont pas mangé, puis elle ajoute au résultat obtenu le nombre d'hommes de la compagnie correspondante inscrit aux recettes additionnelles. *Exemple :*

9e compagnie gère l'ordinaire, la 10e ne gère pas. 9e compagnie : recettes ordinaires, 114 hommes, 14 hommes inscrits au tableau des hommes n'ayant pas mangé, reste pour la 9e compagnie 100 hommes. La 10e compagnie fait connaître que 100 hommes mangeront; le total des hommes mangeant réellement sera de 200. Les dépenses pour l'alimentation seulement s'élèvent à la somme de 90 fr. 29; on obtient 90.29 : 200 = 0 fr. 45 ou 22 centimes 5 par repas. Les balais, la graisse pour les armes, le cirage, le sucre et café à titre remboursable, etc... ne doivent pas figurer dans la quote-part pour alimentation.

La compagnie qui ne gère pas fait sortir ses recettes comme si elle gérait; quant aux dépenses, celles relatives à l'alimentation figurent chaque jour en bloc au bas de la page des dépenses, sous la rubrique : versement à la 9e compagnie pour 200 repas à 22 centimes 5, ou pour 100 journées à 0 fr. 45 = 45 fr.

Les autres dépenses, huile, graisse, balais, sucre et café, vin, etc..., sont inscrites comme si la compagnie faisait ordinaire.

Les *dépenses* qui peuvent être imputées à l'ordinaire sont les suivantes :

1° Achat de pain de soupe, de viande fraîche, de vin et de toutes denrées autres que le pain de repas (fourni gratuitement);

2° Remboursement du sucre et du café perçus à titre remboursable;

3° Versement à la masse de l'infirmerie de toutes les perceptions faites pour les hommes vivant au régime spécial;

4° Dégradations aux percolateurs faites par les hommes qui en sont chargés ;

5° Eclairage des chambres;

6° Objets nécessaires à l'entretien des chambres, des armes et des effets de toute nature;

7° Dépenses nécessités par les soins de propreté corporelle et le blanchissage;

8° Eclairage des cuisines;

9° Nettoyage des effets des cuisiniers;

10° Paiement au cuisinier du prêt franc et du prix de la ration de viande, lorsque cette dernière est distribuée en nature;

11° Versement au corps actif de 0 fr. 10 par homme convoqué comptant à l'effectif, sous-officiers non compris, pour l'indemniser de l'achat, de l'entretien et de l'usure des ustensiles prêtés ;

12° Frais de rôtissage de la viande en vue de varier la nourriture (0 fr. 035) par homme.

Boni. — Si, après une période, il reste une somme disponible aux ordinaires, cette somme sert à forme un fonds d'économie ou boni, qui est utilisé pour se procurer divers objets ou ingrédients nécessaires au moment de la mobilisation, et notamment les denrées nécessaires au troisième repas auquel les hommes ont droit pendant les transports stratégiques.

Le boni doit arriver progressivement à représenter au moins 1 franc par homme.

Par mesure exceptionnelle, on pourra prélever sur le boni les imputations pour pertes ou dégradations provenant de la négligence des hommes.

DEUXIÈME PARTIE

Comptabilité.

Les capitaines sont chargés de tous les détails d'écritures qui ont pour objet l'administration de leur compagnie ; ils font tenir les écritures par les sergents-majors et les fourriers. Ils sont pourvus des registres et imprimés suivants :

Un livret d'ordinaire ;
Un registre d'ordres ;
Un livret matricule (par homme) ;

Feuilles de prêt...........	modèle nº 3		Instruction minist. du 18 mars 1896.
Etat nº 4..................	— nº 4		
Situations administratives.	— nº 5		
Feuille de journées........	— nº 6		

Situations-rapports.

Ces différents documents sont fournis par le trésorier du corps actif, sauf le livret d'ordinaire qui est acheté sur les fonds de l'ordinaire.

Livret d'ordinaire.

Le livret d'ordinaire est la base de la comptabilité de l'ordinaire.

Dans l'armée active, il en est ouvert un chaque

année, tandis que, pour l'armée territoriale, le livret d'ordinaire peut servir jusqu'à épuisement.

En campagne, il est fait usage d'un carnet d'ordinaire n'embrassant qu'une période de trois mois.

Les inscriptions sont faites par livranciers (boulanger, boucher, épicier, etc.), et par catégories de denrées, en se conformant, autant que possible, à la nomenclature qui se trouve en tête du livret.

Registre d'ordres.

Les registres d'ordres sont tenus avec régularité. Ils sont exactement communiqués aux officiers et signés par eux.

Ils sont établis pour une année dans l'armée active; mais, dans l'armée territoriale, ils n'ont pas de limite.

Livret matricule.

Le livret matricule de l'homme de troupe est ouvert par le commandant du bureau de recrutement pour tout jeune soldat, et est adressé au corps dont l'homme fait partie. Le livret matricule suit l'homme dans ses diverses positions (active, réserve, territoriale.)

Il est fait mention de la période d'exercices sur le livret matricule (page 2), ainsi que sur le livret individuel (page 6).

Le livret matricule contient, en outre, les indications suivantes :

Page 1. — Date d'arrivée au corps; classe de recrutement.

Page 2. — Services et positions diverses, périodes d'exercices, campagnes, blessures, décorations.

Page 3. — Passage dans les différentes catégories de la réserve, certificat de bonne conduite.

Page 4. — Instruction à l'arrivée et au départ, instruction militaire.

Pages 5 et 6. — Punitions.
Pages 7, 8 et 9. — Effets et mesures.

Feuille de prêt.

La solde et les diverses indemnités sont payables, sous le titre de prêt, par le trésorier, entre les mains du commandant de compagnie, tous les cinq jours.

Le commandant de compagnie perçoit le prêt sur une feuille portant décompte et quittance ; le montant en est inscrit en toutes lettres de sa main.

Le prêt peut être perçu à *terme échu* ou à *l'avance*.

Si le prêt est perçu à *terme échu*, le décompte s'établit d'après le nombre de journées de présence qui figure sur la feuille de journées pour la période composant le prêt. Les journées des permissionnaires de vingt-quatre heures sont à porter en diminution.

Si le prêt est perçu à *l'avance*, le décompte s'établit en prenant pour base l'effectif des présents au jour de la perception. Les augmentations et diminutions sont portées sur la feuille de prêt suivante, à l'exception de celles qui concernent le dernier prêt ; celles-ci font l'objet d'une feuille supplémentaire.

Les vivres remboursables devant être payés au moment de la distribution, le prêt doit être perçu à l'avance pour l'armée territoriale.

Etat n° 4.

L'état n° 4 remplace le registre de comptabilité et le contrôle nominatif tenus dans l'armée active.

Le registre de comptabilité de l'armée active se divise en deux parties, dont la première est trimestrielle et la deuxième annuelle. Cette dernière, qui est spéciale à la comptabilité du matériel appartenant à l'Etat, n'a jamais servi à l'armée territoriale.

Dans la partie trimestrielle qui comprend cinq paragraphes, deux seulement servent à l'armée territoriale et portent les titres suivants :

Situations et mutations journalières ;
Solde de la troupe et rations diverses perçues.

L'état modèle n° 4 ne comprend donc que ces deux paragraphes, plus le *contrôle nominatif* des officiers et des hommes de troupe.

En tête de cet état se trouve une instruction pour sa tenue.

Situation administrative.

Le commandant de compagnie établit, tous les matins, la situation administrative de son unité. Cette situation ne comprend que les hommes présents dans la journée précédente, c'est à-dire ayant eu droit, pour cette journée, à la solde de présence. Après en avoir transcrit les chiffres sur la feuille de journées, le commandant de l'unité la remet, par l'intermédiaire de l'adjudant de semaine, au major qui la vérifie et l'envoie le jour même au sous-intendant militaire avec les pièces justificatives.

Situation-rapport.

Tous les matins, les sergents-majors présentent à leurs capitaines la situation-rapport des vingt-quatre heures, contenant la situation journalière de la compagnie, les demandes et les punitions des sous-officiers, caporaux et soldats et toutes les mutations.

Le capitaine vérifie et signe cette situation, après y avoir ajouté les demandes des officiers de sa compagnie, ainsi que ses demandes propres et ses observations.

La situation-rapport est remise à l'adjudant de semaine.

Feuille de journées.

La feuille de journées a pour but de constater les droits aux diverses prestations en deniers et en nature.

La feuille de journées de l'armée active comprend six tableaux tandis que celle de l'armée territoriale n'en comprend que trois. (Ces tableaux ne sont pas numérotés; les numéros indiqués ci-dessous sont ceux de la feuille de journées de l'armée active.)

Tableau 2. — Allocations extraordinaires. — Ces allocations sont présentées au fur et à mesure et par date. On indique la quotité de chacune d'elles, le jour où elle a commencé, celui où elle a cessé, et l'autorité militaire qui l'a accordée.

Exemple :

1° Indemnités : aux troupes en marche.

A été allouée à tous les hommes qui ont voyagé avec la compagnie, les 11 et 12 octobre, de Brest au Conquet et vice-versa.

En remplacement de viande fraîche.

L'indemnité fixée à 0 fr. 285 a été allouée journellement à tous les hommes présents du 2 au 10 inclus et les 13 et 14; l'indemnité fixée à 0 fr. 315 a été allouée les 11 et 12.

2° Fournitures en nature.

Sucre et café, avec percolateur du 2 au 10 inclus et les 13 et 14; sans percolateur les 11 et 12.

Tableau 3. — Ce tableau qui n'a pas de titre, comprend l'inscription journalière des droits de l'unité. Les hommes ayant droit à la demi-journée de solde sont compris sur la feuille de journées pour les allocations de la journée entière, mais les demi-indemnités ou rations allouées ainsi en trop sont portées en diminution.

Tableau 5. — Décompte en deniers, des allocations de solde et des indemnités. — On reporte dans ce tableau les journées donnant droit à la solde et aux indemnités qui ressortent au tableau précédent.

Les feuilles de journées sont établies, décomptées et certifiées par les commandants de compagnie.

Le commandant de compagnie arrête la feuille de journées et la remet au trésorier, qui la vérifie en la comparant avec celle qu'il a tenue dans ses bureaux. Le commandant de compagnie certifie ensuite celle qui a été tenue par le trésorier.

Si la période de convocation vient à chevaucher sur deux trimestres, il n'est établi qu'une seule feuille de journées.

Les hommes de l'armée active détachés dans les unités territoriales continuent à être compris sur la feuille de journées de l'armée active, sauf, le cas échéant, versement par les unités dont ils font partie, des frais de nourriture à l'ordinaire duquel ils participent.

TROISIÈME PARTIE

Indication des pièces à produire périodiquement.

Tous les jours.

Situation-rapport. — (Remettre à l'adjudant de semaine, inscrire sur l'état n° 4.)

Situation administrative. — (Inscrire sur la feuille de journées et la remettre au major par l'intermédiaire de l'adjudant de semaine.)

Note d'ordinaire. — (Remettre au secrétaire de la commission des ordinaires ; si des marchés ont été passés par le capitaine, remettre également la note aux fournisseurs.)

Bon de chauffage.

Tous les deux jours.

Bon de pain. — (Inscrire sur l'état n° 4 et remettre au trésorier.)

Tous les quatre jours.

Bon de sucre et café. — (Inscrire sur l'état n° 4.)
Bon de fourrage. id.

Tous les cinq jours.

Feuille de prêt. — (La veille, remettre la note des dépenses d'ordinaire au secrétaire de la commission.)

Vivres remboursables. — (Sucre et café.) Remettre le bon la veille du prêt au trésorier en même temps que la feuille de prêt à soumettre à la vérification, y joindre la note des dépenses d'ordinaire si des marchés ont été passés par le capitaine.

Indication, jour par jour, des pièces à produire.

Pour l'établissement du tableau suivant nous avons supposé que la convocation a lieu le premier jour du mois. Nous ne répéterons pas l'indication des pièces à établir journellement, nous n'indiquerons que celles à remettre pour la première fois et la dernière fois.

Veille de l'arrivée des hommes.

Toucher effets d'habillement et d'équipement, fournitures auxiliaires de campement, ustensiles de cuisine.

Toucher l'indemnité de route sur bon provisoire.

Recevoir du trésorier les imprimés, les livrets matricules, la liste nominative des hommes.

Premier jour.

Habillement, armement, paiement de l'indemnité de route.

Etat numérique des fumeurs (remettre au trésorier par l'intermédiaire de l'adjudant de semaine.)

Feuille de prêt du 2 au 5, afin de pouvoir payer les vivres remboursables.

Note d'ordinaire pour le deuxième jour (la remettre).

Note d'ordinaire pour le deuxième jour (aux fournisseurs si des marchés ont été passés.)

Bon de pain pour les deuxième et troisième jours.

Bon de sucre et café (2 au 5.)

Bon de vivres remboursables (sucre et café) (2 au 5.)

Deuxième jour.

Remise des bons et de la première situation-rapport (adjudant de semaine.)

Etat des hommes manquants, des livrets manquants, des hommes proposés pour la réforme.

Première situation administrative.

Recevoir les bons de tabac et les distribuer.

Troisième jour.

Remise de la première situation administrative et des divers états.

Bon de pain (4-5).

Règlement de l'indemnité de route avec le trésorier.

Réintégration des effets, armes et fournitures en excédant.

Quatrième jour.

Remise des bon de pain et situations.

Cinquième jour.

Bon de pain (6-7).

Bon de sucre et café (6 au 9).

Feuille de prêt (6 au 10) à soumettre à la vérification du trésorier.

Bon de sucre et café (vivres remboursables) (6 au 10).

Etat numérique des fumeurs (au trésorier).

Remise des situations.

Sixième jour.

Remise des bons et situations.

Toucher le prêt et payer les vivres remboursables.
Recevoir les bons de tabac et les distribuer.

Septième jour.

Bon de pain (8-9). Situations.
Remise des situations.

Huitième jour.

Remise des bon de pain et situations.

Neuvième jour.

Bon de pain (10-11). Situations.
Bon de sucre et café (10 au 14).
Remise des situations.

Dixième jour.

Remise des bons et situations.
Feuille de prêt (11 au 14) à soumettre à la vérification du trésorier.
Bon de vivres remboursables (sucre et café) du 11 au 14.
Inscriptions à faire sur les livrets matricules et individuels.
Préparation de la liste d'indemnité pour le retour.

Onzième jour.

Bon de pain (12-13) et situations.
Toucher le prêt et payer les vivres remboursables.
Remise des bons et situations.
Etat des hommes punis à verser au régiment actif.

Douzième jour.

Remise du bon de pain et de l'état des hommes punis.

Treizième jour.

Bon de pain pour la journée du 14, pour les sous-officiers seulement, lesquels ne doivent partir que par les derniers trains.

Remise des situations.

Quatorzième et dernier jour.

Toucher et payer l'indemnité de route.

Situation administrative du 14.

Versement des effets et fournitures.

Arrêté de l'état n° 4, du livret d'ordinaire, de la feuille de journées (*les remettre au trésorier*).

Certifier la feuille de journées du trésorier, régler avec lui et lui remettre le boni.

Payer l'indemnité pour prêts d'ustensiles à la compagnie active correspondante.

APPENDICE

TABLEAU indiquant une moyenne de denrées à se procurer par jour pour 100 hommes.

DENRÉES.	Quantités.	Prix	TOTAUX.	
	Kil. gr.	Fr.	Fr.	Fr.
Pain	25.000	0.29	»	7.25
Sel	3.000	0.15	0.45	0.85
Oignons brûlés (ou thym et laurier ou bouquet)	0.100	1.00	0.10	
Poivre	0.090	3.30	0.30	
Pommes de terre	90.000	0.08	7.20	8.03
Choux	7.000	0.06	0.42	
Oignons	1.000	0.17	0.17	
Carottes	1.000	0.12	0.12	
Poireaux	1.000	0.12	0.12	
Sucre	0.500	1.00	0.50	2.80
Café	0.500	4.60	2.30	
Viande	30.000	0.95	»	28.50
Ingrédients de propreté	»	»	»	1.00
Total des dépenses				48.43
Recettes :				
Solde 23.00 ; Indemnité de viande 28.50				51.50
Boni				3.07

4e TRIMESTRE 189

87e RÉGIMENT TERRITORIAL D'INFANTERIE

9e COMPAGNIE

BON DE PAIN

Distribution du 2 au 3 octobre 189 inclus.

	Effectif	Pain à 0.750	Pain à 0.620	Biscuit à 0.100
Sous-officiers présents..	6	12	»	»
Soldats présents........	114	»	228	228
A ajouter d'après les mutations..		»	»	»
Il revient..........		12	228	228
A déduire (1).......		»	28	28
Reste à percevoir........		12	200	200

(1) (14 hommes autorisés à manger et à loger en ville.)

Bon pour la quantité de deux cent douze rations de pain, dont douze à 750 grammes et deux cents à 620 grammes, et deux cents rations de biscuit à 100 grammes.

A Brest, le 2 octobre 189 .

Le capitaine commandant,

NOTA. — On ne perçoit pas de pain pour les hommes autorisés à manger et à loger en ville.

Il est inutile de toucher le pain le jour du départ, si ce départ a lieu par les premiers trains.

Le moins perçu en pain entre dans la composition du boni, lorsque le trésorier en touche le montant (moitié du prix de la ration), et est porté sur le livret d'ordinaire comme recette additionnelle.

4e TRIMESTRE 189

87e RÉGIMENT TERRITORIAL D'INFANTERIE

9e COMPAGNIE

BON DE SUCRE ET CAFÉ

Distribution du 10 au 14 octobre 189 inclus.

	Effectif	Avec percolateur	Sans percolateur
Sous-officiers présents ..	6	18	12
Soldats présents	114	342	228
A ajouter d'après les mutations..		»	»
Il revient...........		360	240
A déduire..........		»	»
Reste à percevoir........		360	240

Bon pour la quantité de trois cent soixante rations de sucre et café avec percolateur, et deux cent quarante rations sans percolateur.

A Brest, le 10 octobre 189 .

Le capitaine commandant,

PÉRIODE D'INSTRUCTION

du 1er au 14 octobre 189 .

Désigner { le corps....... ; le bataillon, la compagnie, l'escadron ou la batterie. }

(1) Effets, objets, ustensiles, etc., armes.

(2) Indiquer le corps ou la fraction de corps qui délivre les objets, etc.

87e RÉGIMENT TERRITORIAL D'INFANTERIE

9e compagnie.

RÉSERVE DE L'ARMÉE ACTIVE ET ARMÉE TERRITORIALE

MODÈLE N° 2 annexé à l'instruction ministérielle du 18 mars 1896.

Pour toutes armes.

FORMAT : 0m200 sur 0m300.

BON NUMÉRIQUE DES (1) EFFETS D'HABILLEMENT

DÉSIGNATION DES (1) EFFETS.	QUANTITÉS	
	EN CHIFFRES.	EN TOUTES LETTRES.
Capotes.	132	Cent trente-deux.
Vestes.	132	Cent trente-deux.
Pantalons.	132	Cent trente-deux.
Képis.	132	Cent trente-deux.

Reçu de (2) la 9e compagnie du 19e régiment d'infanterie les quantités (1) d'effets d'habillement énoncées ci-dessus.

A Brest, le 1er octobre 189 .

Le capitaine,

SOLDE

ET ACCESSOIRES DE SOLDE.

PRÊT

du 11 au 14 oct. 189 .

FORMAT DU PAPIER :
Hauteur, 0m28; largeur, 0m22

Désigner { le corps....... } 87e RÉGIMENT TERRITORIAL D'INFANTERIE

{ le bataillon, la compagnie, l'escadron ou la batterie. } 9e compagnie

RÉSERVE DE L'ARMÉE ACTIVE
ET ARMÉE TERRITORIALE

MODÈLE No 3
annexé à l'instruction ministérielle du 18 mars 1896.

Pour toutes armes.

FEUILLE DE PRÊT *du 11 au 14 octobre 189 inclus.*

GRADES.	NOMBRE d'hommes présents au 11 oct. 189 .	NOMBRE de jours de présence.	DÉCOMPTE EN DENIERS de la solde de présence.	INDEMNITÉS (1). En remplacement de viande fraîche. Nombre de journées	En remplacement de viande fraîche. Décompte en deniers 0.285	En remplacement de viande fraîche. Nombre de journées	En remplacement de viande fraîche. Décompte en deniers 0.345	Aux troupes en marche. Nombre de journées	Aux troupes en marche. Décompte en deniers	Nombre de journées	Décompte en deniers	TOTAL GÉNÉRAL des décomptes en deniers.
Adjudant......................(*col. 2*) (2)	1	4	10.60	2	0.57	2	0.63	2	1.70			13.50
Serg.-major, maréchal logis chef...(*col. 3*)	1	4	5.00	2	0.57	2	0.63	2	0.50			6.70
Sergent et sergent fourrier, maréchal logis et maréchal logis fourrier.......(*col. 4*)	4	16	15.20	8	2.28	8	2.52	8	2.00			22.00
Caporal fourrier, brigadier fourrier (*col. 5*)	»	»	»	»	»	»	»	»	»			»
Caporal, brigadier................(*col. 6*)	7	28	12.60	14	3.99	14	4.41	14	1.40			22.40
Soldat { à pied................(*col. 7*) (3)	107	128	119.84	214	60.99	214	67.41	214	21.40			269.64
Soldat { à cheval..................(*col. 8*)	»	»	»	»	»	»	»	»	»			»
Totaux...............	120		163.24		68.40		75.60		27.00			334.24
Augmentation d'après les mutations du 6 au 10 octobre (voir au verso)												2.26
Ensemble............................												336.50
Diminution d'après les mutations du 6 au 10 octobre (voir au verso)...												0.29
Montant de la feuille de prêt....................												336.21

(1) Indiquer la nature de l'indemnité.

(2) Ces numéros correspondent à ceux de la situation administrative et de la feuille de journées où sont inscrites les journées de solde correspondantes.

(3) Les tambours et clairons des corps d'infanterie et du génie, et les trompettes de l'artillerie à pied, qui n'ont droit qu'à la solde à pied, figurent ici.

Certifié par nous, capitaine commandant l'unité, la présente feuille de prêt montant à la somme de trois cent trente-six francs vingt et un centimes, dont quittance,

A Brest, le 14 octobre 189 .

MUTATIONS *du 6 au 10 octobre 189 inclus et décompte y relatif.*

NUMÉROS MATRICULES.	NOMBRE D'HOMMES par grade ayant fait la même mutation.	MUTATIONS.	NOMBRE DE JOURNÉES de solde de présence.	NOMBRE DE JOURNÉES d'indemnités (1) en remplacement de viande fraiche.			MONTANT du décompte en deniers à porter d'autre part.
		AUGMENTATIONS.					
	2	Soldats arrivés au corps le 8 octobre.................	4	4			2.26
		Total des augmentations.....................					2.26
		DIMINUTIONS.					
	1	Caporal entré à l'hôpital le 10 après le repas du matin		1/2			0.15
	1	Soldat — —		1/2			0.14
		Total des diminutions......................					0.29

RÉSERVE DE L'ARMÉE ACTIVE
ET ARMÉE TERRITORIALE

Désigner { le corps....... } 87e RÉGIMENT TERRITORIAL D'INFANTERIE
{ le bataillon, la compagnie, l'escadron ou la batterie. } 9e compagnie.

MODÈLE N° 5
annexé à l'instruction ministérielle du 18 mars 1896.

Pour toutes armes.

FORMAT :
Hauteur........... 0m180
Largeur........... 0m230

SITUATION ADMINISTRATIVE

présentant, par fixation de solde, l'effectif des présents à la date du 2 octobre 189 , ainsi que les mutations qui ont modifié l'effectif à la veille dudit jour.

NOTA. — La situation, remise chaque jour au rapport du matin, fait connaître l'effectif des présents de la veille ; elle donne les mutations qui ont modifié, pour cette journée, les droits aux allocations.

PRÉSENTS.	JOURNÉES DE SOLDE DE PRÉSENCE.								TOTAL des journées de présence.	CHEVAUX présents appartenant aux officiers.	
	Adjudant.	Sergent-major, maréchal des logis chef.	Sergent et sergent fourrier, maréchal des logis et maréchal des logis fourrier.	Caporal fourrier, brigadier fourrier.	Caporal, brigadier.	Soldats à pied.	Soldats à cheval.				
1	2	3	4	5	6	7	8	9	10	11	12
De l'unité.	1	1	4	»	8	106	»	»	120	1	

Observations. — Les tambours et clairons des corps d'infanteries et du génie et les trompettes de l'artillerie à pied, qui reçoivent la solde à pied, figurent dans la colonne 7.

OBSERVATIONS. — La situation produite pour le jour de l'entrée en solde des hommes et celle établie pour le jour du départ présentent numériquement l'effectif par grade.

MUTATIONS AFFECTANT L'EFFECTIF DES PRÉSENTS DU 1er OCTOBRE (1).

NUMÉROS matricules.	NOMS.	GRADES et emplois.	MUTATIONS. — NOTA. — Les officiers figurent en tête de ce tableau, quand ils ont fait mutation.
		1 Adjudant.	Arrivé le 1er octobre. En solde du 2 octobre.
		1 Sergent-major.	Id.
		3 Sergents.	Id.
		1 Sergent fourrier.	Id.
		8 Caporaux.	Id.
		2 Tambours.	Id.
		2 Clairons.	Id.
		102 Soldats.	Id.

Certifié par nous, commandant (2) la 9e compagnie.

A Brest, le (3) 3 octobre 189 .

(1) Veille du jour de la date de la situation.
(2) Indiquer la fraction de corps.
(3) Date du rapport où la situation est produite.

Vérifié par nous, sous-intendant militaire, la présente situation de laquelle il résulte que le total des journées de présence s'élève :

Pour les hommes de l'unité, à

Pour les chevaux, à

A , le 189

3e BATAILLON — 87e Régiment Territorial d'Infanterie — 9e COMPAGNIE

SITUATION-RAPPORT

Du 5 au 6 octobre 189 .

DÉSIGNATION des GRADES	PRÉSENTS												ABSENTS																
		NON DISPONIBLES											EN CONGÉ																
	Sous les armes	A l'infirmerie	Malades à la chambre	Travaillant en ville	Recrues		En prison.	A la cellule.			TOTAL	TOTAL des présents.	de convalescence	de soutien de famille.			en permission	Aux hôpitaux.	En jugement.	En détention.	A la prison militaire.	Déserteurs ou disparus.	Manquant à l'appel.	En mission ou détachés isolément				TOTAL des absents.	EFFECTIF
1	2	3	4	5	6	7	8	9	10	11	12	13	14	15	16	17	18	19	20	21	22	23	24	25	26	27	28	29	30
OFFICIERS { Capitaines	1											1																	1
Lieutenants	1											1																	1
Sous-lieutenants	1											1																	1
TOTAUX des officiers	3											3																	3
TROUPE { Adjudant	1											1																	1
Sergent-major	1											1																	1
Sergents et fourriers	4											4																	4
Caporal fourrier	»											»																	»
Caporaux	7											7						1										1	8
Tambours et clairons	4											4																	4
Soldats { de 1re classe	»											»																	»
Soldats { de 2e classe	103											103						1										1	104
TOTAUX de la troupe	120											120						2										2	122
Enfants de troupe																													
CHEVAUX { d'officier	1											1																	1
de selle																													
de trait																													
Mulets de bât																													
TOTAUX des chevaux	1											1																	1

Situation à la date ci-contre	PRÉSENTS	ABSENTS	EFFECTIF
Officiers	3	»	3
Hommes de troupe	120	2	122
Chevaux et mulets	1	»	1

PUNITIONS INFLIGÉES	DEMANDES	OBJETS DIVERS
LE GOFF (Yves), soldat, 2 jours de prison, s'est présenté sans ses effets militaires.		

Certifié par nous, Capitaine, les punitions et les demandes ci-dessus.

A Brest, le 6 Octobre 189 .

3500 — Paris, Soc. anon. de l'imp. Kugelmann (G. Balitout, dir.), 12, rue de la Grange-Batelière.

www.ingramcontent.com/pod-product-compliance
Lightning Source LLC
LaVergne TN
LVHW020254230826
846091LV00006B/2414

* 9 7 8 2 0 1 2 9 3 8 0 1 4 *